ALLOCUTION

PRONONCÉE

AU MARIAGE

DE

MADEMOISELLE AMÉLIE RIVIÈRE D'ARC

ET DE

MONSIEUR LÉONCE D'ALAYER .

Lieutenant d'Artillerie

Le 28 Janvier 1888

DANS LA CHAPELLE DE L'ARCHEVÊCHÉ

PAR

MONSEIGNEUR L'ARCHEVÊQUE D'AIX

AIX

A. MAKAIRE, IMPRIMEUR DE L'ARCHEVÊCHÉ

2, rue Thiers, 2

1888

ALLOCUTION

DU

28 JANVIER 1888

ALLOCUTION

PRONONCÉE

AU MARIAGE

DE

MADEMOISELLE AMÉLIE RIVIÈRE D'ARC

ET DE

MONSIEUR LÉONCE D'ALAYER
Lieutenant d'Artillerie

Le 28 Janvier 1888

DANS LA CHAPELLE DE L'ARCHEVÉCHÉ

PAR

MONSEIGNEUR L'ARCHEVÈQUE D'AIX

AIX

A. MAKAIRE, IMPRIMEUR DE L'ARCHEVÊCHÉ,
2, rue Thiers, 2

1888

Mes très chers enfants,

Vous voulez que je vous adresse quelques paroles utiles : j'y consens bien volontiers : elles formeront la première page de votre livre de famille. J'ajoute que c'est pour moi un vrai plaisir : Je vous sais très-bien disposés ; on vous a vus tous deux hier à la Table sainte. Ici rien d'imprévu, rien d'inconnu ; les renseignements n'ont pas été longs : pas de surprises, sinon celles que le mérite et la vertu réservent toujours. On pourrait dire que vous aviez vocation l'un pour l'autre dès votre naissance. Le plus grand bonheur et honneur que je puisse souhaiter à l'Eglise et à ma patrie, c'est d'avoir beaucoup d'unions comme la vôtre.

Cette chapelle est un peu historique pour vous : il y a vingt et quelques années, un jeune couple bien uni, bien assorti, tout comme vous, était prosterné pieusement devant cet autel : un de mes vénérés prédécesseurs, Lyonnais comme moi, lui fit ses paternelles exhortations et leur donna ses affectueux encouragements. Ses vœux ont été bien exaucés ; une famille toujours très honorable fut fondée. Dieu la bénit ; deux enfants, avec un petit ange au ciel, en furent la récompense ; ils ont déjà prouvé et prouveront toute leur vie, que bon sang, bonne éducation et bons exemples ne mentent pas. Le bonheur de ce moment serait complet, si le vaillant marin, usé trop vite au service de la patrie, pouvait jouir, avec nous, de cette charmante union qui aurait comblé tous ses désirs.

Je suppose, mes chers enfants, que vous viviez en l'an de grâce 1938, à l'heure de vos noces d'or, comme vous êtes aujourd'hui aux noces de vos jeunes années, et de vos jeunes cœurs ; vous voyez que je ne vous économise pas la marge. Je prie Dieu d'exaucer ma prière ; vous commencez une famille très-chrétienne : vous méritez non seulement les récompenses de l'éternité, mais encore celles du temps, afin que vous soyez un exemple pour les époux à bien vivre et à bien faire.

Vous êtes donc arrivés au demi siècle ; vous avez vieilli et blanchi dans les âpres sentiers de la vie ; beaucoup de choses auront subi *des ans l'irréparable outrage* ; d'autres, les meilleures, les seules vraies, se seront embellies et enrichies.

Un de mes successeurs, un évêque, ici ou ailleurs, ou encore quelque vieux curé de ville ou de campagne qui aura préparé vos enfants et même vos petits enfants à la première communion ; et peut-être consacré leur union, ou bien un vieil aumônier militaire qui aura confessé, accompagné et soigné sur le champ de bataille le lieutenant d'aujourd'hui , devenu le général d'alors. . . . un prêtre me remplacera, et que vous dira-t-il ? ce que voudrez ; à vous d'écrire d'avance sa petite allocution ; mais je la devine, et au milieu des héritiers de votre nom, de votre fortune et de vos vertus, il vous tiendra le langage suivant :

Ma chère enfant, vous dira-t-il, le 28 janvier 1888, vous étiez une jeune fille pleine de droiture, de candeur, de piété, avec des goûts simples et sérieux, peu ordinaires à votre âge, élevée par une mère qui vous a prodigué des tendresses dont vous n'avez jamais abusé. Vous vîntes en présence de Dieu vous unir à un jeune homme, fait à votre image par l'éducation, par les habitudes de la vie, par les pratiques religieuses, formé comme vous à l'école d'une sainte mère, qui a laissé en lui l'empreinte vivante de son cœur, et que vous ne regretterez jamais assez.

Les bénédictions qui furent appelées sur vous par l'Archevêque d'Aix, se sont bien accomplies. Vous avez fait passer la vertu avant la fortune que l'adversité renverse, et avant la grâce et la beauté, qui vivent ce que vivent les roses. Vous vous êtes étudiée à devenir, et vous avez été réellement, « la femme forte de nos saints livres, qui vaut plus que les « plus grands trésors , la femme qui peut recevoir dans son « cœur la confiance de son mari, la femme sage qui édifie la « maison, la femme diligente, la femme laborieuse , qui ne « mange pas son pain dans l'oisiveté, la femme douce, qui « remplit de joie le cœur de son époux et double le nombre

« de ses années, la femme simple et modeste qui méprise
« l'apprêt exagéré de la parure et la surcharge des orne-
« ments, la femme bonne, aimable, affectueuse, qui rappelle
« l'adorable bonté de Dieu. »

Ainsi pourra vous parler celui qui tiendra ma place. Les
paroles qui précèdent ne sont pas de moi, je les ai prises
dans la sainte Écriture, au chapitre de l'ÉPOUSE PARFAITE. —
L'avenir dira que j'ai été heureusement inspiré.

Ce programme de vie chrétienne, qui n'est autre que les
commandements de Dieu et de l'Église, voudriez-vous y
avoir été fidèle, quand vous célébrerez votre jubilé conjugal ?
Votre âme très-droite, votre vie, votre jeunesse tout entière
me répondent : « Oui, ce sont les engagements que je prends
en face des saints autels, je veux être une épouse et une
mère vertueuse, parce que je veux être une sainte. »

Et vous, mon cher ami, que vous dira-t-on, que vous
dirais-je moi-même, si par impossible j'étais de la fête : je
vous dirais : Vous aviez embrassé une noble carrière ; elle
est parente de la nôtre par les sacrifices, le dévouement,
l'abnégation, l'obéissance. Vous êtes les soldats du temps ;
nous sommes les soldats de l'éternité, nous sommes même
plus que vous les soldats du temps. Nous ne portons pas
le glaive ; mais nos paroles et nos exemples travaillent à le
laisser reposer dans le fourreau : nous sommes votre avant-
garde pacifique, la patrie de la terre est la préface de la
patrie du ciel ; ce qui veut dire que nous sommes au service du même maître.

Dans cette glorieuse carrière, vous avez choisi une arme

spécialement belle et difficile : l'artillerie demande le même travail pendant la paix que pendant la guerre, à cause des inventions et des perfectionnements apportés chaque jour dans l'art terrible des combats.

Vous en avez parcouru tous les degrés non par pure ambition, mais par devoir et pour être utile à votre pays. Vous avez aimé vos subordonnés, vous les avez traités avec bienveillance, vous saviez adoucir le commandement, vous n'en étiez que mieux obéi.

Bon fils, vous avez été bon époux et bon père, vous avez entouré votre épouse de respect, de prévenance de délicatesse, vous souvenant que si vous êtes le chef de la famille, c'est moins pour vous que pour elle que ce titre vous est donné.

Vos exemples ont toujours soutenu vos paroles, et si les circonstances l'avaient demandé, vous auriez été de la race des légionnaires de Maurice qui savaient répondre : Nous sommes les serviteurs du prince ; mais nous sommes, avant tout, les serviteurs de Dieu.

On terminera en vous souhaitant de vous endormir dans la paix du Seigneur, comme la vaillant Mattathias, plein de gloire et de mérites, disant comme lui à vos enfants et à vos petits-enfants : « *Maintenant, ô mes fils, soyez les zélés défenseurs de la foi de nos pères. Souvenez-vous des œuvres éclatantes qu'ils ont faites de génération en génération, marchez sur leurs traces, et vous aurez une grande gloire et un nom éternel.* »

Ainsi je vous parlerais, si j'étais là, il ne tient qu'à vous, mon cher ami, que ce langage vous soit adressé. C'est bien en ce moment que je puis reprendre les paroles du livre des Macchabées : *Mementote operum patrum, quæ fuerunt in generationibus suis.* Souvenez-vous des œuvres éclatantes que vos pères ont faites de génération en génération.

Vous entrez dans une famille qui compte parmi ses ancêtres une vaillante guerrière, la libératrice de la France, la plus exceptionnelle preuve de l'amour de Dieu pour les Français : Votre parenté est authentique ; quand Jeanne d'Arc sera canonisée, vous aurez à Saint-Pierre de Rome une place d'honneur, comme vous l'avez aux fêtes annuelles de Sainte-Croix d'Orléans.

Il me semble que vous lui appartenez deux fois, et par votre alliance avec les descendants de Pierre d'Arc, et par votre profession militaire. Vous devez la faire revivre, et pourquoi pas ? Jeanne d'Arc était moins grande par les exploits de sa mission providentielle, que par son amour pour son pays ; par ce côté, elle vous est parfaitement imitable.

Ayez sa confiance en Dieu. « *Travaillons*, disait-elle, *et Dieu travaillera.* » Quelle belle maxime ? Faites votre devoir, Dieu se chargera du reste

Inspirez-vous de son amour pour notre pays. « *Je suis trahie*, disait-elle, *priez Dieu pour moi, je ne pourrai plus combattre pour mon noble pays de France.* » Ste Geneviève est la patronne de Paris. Quand la vierge de Domrémy sera sur nos autels, nous la demanderons pour la patronne de la France.

Qui mérite mieux cet honneur ! Qui s'acquittera mieux de cette mission auprès de Dieu?

Dans l'incomparable héroïne se sont incarnées la foi religieuse, la foi nationale, la foi monarchique.

Si jamais l'étranger revient fouler notre sol, que Dieu nous donne une nouvelle Jeanne d'Arc, et devant sa mission divine, les Lahire, les Dunois, les Xentraille d'aujourd'hui, s'inclineront comme ceux d'autrefois.

Je viens de m'étendre sur un sujet qui me semble étranger; pas du tout; je ne puis rien dire de plus utile, je propose à un militaire, comme modèle, la plus pure, la plus modeste, la plus noble figure de nos annales militaires, une jeune fille qui s'appelle comme sa jeune femme, va former la moitié de son nom.

Que de saints exemples vous sont donnés ! les traditions des livres et des armoiries sont belles ; mais combien elles sont plus belles, quand elles se traduisent par des actions ; elles deviennent vraiment des armoiries agissantes et parlantes.

Ma chère enfant, faites revivre dans votre nouvelle famille celle qui vous eût appelée avec tant de bonheur : *Ma fille*, qu'on dise en vous voyant venir, agir, parler : *c'est bien elle.*

Vous ne comblerez pas le vide ; mais on bénira Dieu qui donne des compensations, il vous les donne surabondamment. Vous retrouvez un père ferme, sérieux, bon, charitable, généreux, aimé, estimé et considéré au premier rang dans la populeuse cité industrielle qui possède tant de grands noms et de grandes vertus, Marseille, notre riche et puissante voisine.

Je vois auprès de vous un vieil ami toujours fidèle, dont le cœur est bien gros, malgré la joie de la fête, au souvenir d'une âme bien chère, qui prépara cet heureux évènement et vous en remit un gage ; il a voulu vous servir de père aux pieds des autels : unissez vos prières à celles de la pieuse habitante du ciel, pour consoler une inconsolable douleur.

Et maintenant, vous allez nous quitter, vous reviendrez souvent : ai-je besoin de vous le demander.

Près de moi, je sens et je vois couler des larmes comme celles de la mère du jeune Tobie. « Oh ! ma chère enfant, « pourquoi ai-je consenti à ton départ, toi qui es la lumière « de mes yeux, le bonheur de mes vieux jours, l'espérance « et la joie de ma vie. » Je l'ai dit naguère, elle ne vous a jamais donné une plus grande preuve de son amour ; elle s'est oubliée et renoncée. Sa maison va devenir une solitude, elle perd la plus belle fleur de ses riches serres, qui ont fait aujourd'hui de l'Archevêché d'Aix un vrai bosquet de Printemps.

Je finis ; que Dieu vous prenne et vous conserve toujours en sa sainte garde, mes chers enfants, que toutes nos prières se réalisent, que Jeanne d'Arc les présente au Seigneur, il ne pourra les refuser des mains de sa chère petite sainte qui lui disait vingt fois par jour : Je ne bataille que pour vous et *mon noble pays de France.*